Dans les hautes frondaisons

DE LA MÊME AUTRICE

Les ombres des tournesols, BoD, 2024

Julie Entlein

DANS LES HAUTES FRONDAISONS

poésie

AL

© 2024, Julie Entlein

Photographies : Julie Entlein
Conception couverture : Alardi
Édition : BoD · Books on Demand GmbH,
In de Tarpen 42, 22848 Norderstedt (Allemagne)

Impression : Libri Plureos GmbH, Friedensallee 273, 22763 Hamburg (Allemagne)

ISBN : 978-2-3224-9822-2
Dépôt légal : novembre 2024

Tous droits de reproduction, d'adaptation et de traduction, intégrale ou partielle réservés pour tous pays.
L'auteur est seul propriétaire des droits et responsable du contenu de ce livre.

À Irène

*À ceux qui veillent,
à ceux qui s'émerveillent*

« *Il y a toujours quelque chose à voir, partout.*
Une feuille qui descend, une fourmi qui grimpe,
un nuage qui se déchire. »

Christian Bobin

Prémices

HABITER LE PRÉSENT

Un hêtre sans hache
c'est revenir à l'essence même
c'est se contenter de la présence
du vivant sans coup ni meurtrissure
sans larmes de sève qui affluent
pour combler le vide   tous les vides

un hêtre sans hache
c'est la vie avant tout
l'aube qui point déjà
le soleil éclaboussant qui
traverse les ombrages
en écoutant bruire
entre le bercement des branches
des poésies archaïques pour enfants

POP-CORN

Nuit blanche
pleine de caramel
qui mêle la tête et les yeux
tourbillon de brume
avancer les paupières bandées
jusqu'à l'escalier
sans trébucher
ne pas craquer
croiser le ventre
les doigts en nœud
pour que les bambins
continuent à sommeiller

RONDS DE JAMBE DANS L'EAU

Je fatigue
à l'impossible
lune n'est plus

ABATTOIR

On entend une petite cloche
dans la nature humaine
c'est un troupeau
qui s'enfonce vers la gueule
des loups
guilleret les yeux rivés
vers le sol animé

NARCISSE PERDU

Que fais-tu là
seule sur le bord
du chemin
toi   ma jonquille
comme un rayon lumineux
au fond de l'ennui
une solitude
sur la margelle d'un puits
un appel dans le vide
le cri d'un loup
le ventre vide
attiré par la magie
des tréfonds
       un soleil

PÂQUES

Deux petits papillons
qui dansent à ses oreilles
les dragées roses et vertes
qui collent aux dents
des poules en chocolat
un chien qui dort
six pieds sous terre
l'herbe que l'on foule
à chaque pas
des paniers débordants
des œufs qui roulent
çà et là
des poussins rockeurs
des sourires en fleur
barbouillés de chocolat
le charme d'un je-ne-sais-quoi
le lapin qui court
et que l'on ne rattrape pas

DES PETITS BONBONS

Aimer la poésie
cacher des recueils
dans de grandes sacoches
dans le fond de nos poches
dont on se délecte
en cachette secrète

effleurer les rimes sur le fil
d'un collier de billes qui brillent
le cliquetis du pendule infini
du temps qui se croise   s'embrasse
se suit   puis s'enfuit

sucer les mots
du bout des doigts
les lisser dans le bon ordre
accrochés à la patère
derrière la porte de la chambre
les enfiler le soir
pour avoir plus chaud dans le noir
sous les draps de coton

grignoter les vers
comme un rouge-gorge farouche
s'envoler en riant
remerciant le ciel
après avoir capturé
quelques bribes
de magie humaine

EN COMMUNION

Le garçon joue avec une coccinelle
deux ailes dures et cornées
un air de bonheur traverse
la nef de l'église
c'est dimanche blanc
aux aubes déposées

esprit es-tu là

les cheveux bouffants
les robes vaporeuses
les sourires aux dents
les bougies éclairées
l'octave pascale s'achève
Quasimodo passe en claudiquant
Esmeralda danse sur le parvis
Dieu que la fête est jolie

– *dimanche de Quasimodo*

UN TOUR DE MANÈGE

Entre les chevaux de bois
je te vois à chaque fois
trois   six   neuf   douze mois
la musique éraillée me perd
malgré moi
j'ai le mal de père
je me tourne vers toi

où galopent-ils
ces chevaux de nostalgie

vers quels cieux
t'emmènent-ils comme ça

POUR T'AIDER

T ou d
le flamant rose
rince ses couleurs
dans un lagon yucatèque
il est têtu
tu écris t
un point c'est tout

le Flamand de la côte
mange aussi des crevettes
mais encerclé d'écume
et de nuages gris
en dodelinant de la tête
tu écris d
et tu t'endors

SALE BLATTE

Le smartphone des adultes
est comme le doudou des enfants
ils le traînent partout avec eux
hypnotisés
ils se tournent vers lui
dès qu'ils s'ennuient
sont perdus
ou ont un coup de cafard

LES OMBRES DES POCHOIRS

Te faire si légère que
personne ne t'entendra
plus jamais
monter l'escalier

plus que silence et pâleur
sauter par-dessus les maisons
pour la trouver petite disparue
bouton de fleur
en vain   poitrine serrée
ventre déchiré
ne la voir nulle part   ailleurs
seule   noyée
dans la noire immensité

revenir en arrière

merveille vermeille
petit cœur flottant
ombre de chair
au creux des tuyaux
de la terre

SUR LE POINT

L'équilibriste   les bras tendus
sautille sur sa corde
avalée par le vide au-dessous
la cage en chair de poule
caquette au-dedans
la peur au ventre
les doigts frémissants
suspendue au fil transparent
arabesques   roues de paon
il n'y a plus rien
d'important

le chapiteau est replié
elle monte sur des bulles inanimées
part en l'air

qu'est-ce qui importe véritablement
au fond   tout au fond

dis-le   dis-le
la tête à l'envers
le haut le bas
plus rien

tout est relatif
un brin d'herbe séchée
un point dans l'immensité
une respiration différée

ALORS

Alors c'est quand
alors c'est où
alors dans combien de temps
alors avec qui
alors pourquoi
alors comment

alors ça vient
alors tu vas faire quoi
alors tu termines quand
alors oui mais
alors d'accord maintenant
alors et après alors

alors   alors
je les pousse
je les jette dehors
je ferme la porte
un courant de grands airs
insignifiants

PRENDRE SOIN DE SOI

Chérir le silence
accepter le vide
célébrer l'ennui

EXTÉNUATION

Le soleil est une chanson qui s'en va
quand elle a trop crié

la tête contre le carreau
il paraît plus lointain   nébuleux
l'autoradio martèle les mêmes mots
les champs de colza défilent
à la brunante
comme des éclaboussures aveuglantes
ils tournent   avancent vite
tous pareils
l'or entoure tout
et noie le reste
jusqu'au dernier sillon
      la note de fin

FLAGORNERIE

Secouer sa carpette
au-dessus des têtes
de ces bips-bips incessants
courir comme un coyote essoufflé
se mettre à genoux   tout en bas
pour lécher des bottes
un chien qui flatte
la croupe d'ânes
de façon répétée
pour espérer monter
jusqu'au grenier

LES ORANGERAIES DU PARADIS

Il pleut des oranges givrées
qui giclent sur les pavés
en étincelles dorées
à travers le dédale du roi

elles viennent cogner
contre mon casque cadenassé
entre deux statues effacées

je reviens à pied
du moulin délaissé
où le jus coule à flots
dans une grande brassée
d'enfants vitaminés

SOUS LE RIDEAU CARMIN

Un drap chaud et gras
qui se plaque sur elle
la bloque   l'emprisonne

étranglée   étouffée

une pieuvre déployée aux mille bras
pas un mot   sursaut à la diane
juste un rideau rouge velouté
qui retient les rayons
du matin moite

ELLE DISAIT LA PEUR OU UN REGRET

Dans une foire aux questions
bondée de monde
j'ai lu
« est-ce que ta famille est finie »
elle répondait
je n'ai jamais su dire si ma famille est finie
mais je suis vieille
et j'ai de mauvais souvenirs
avec le dernier
la prématurité et tout ça
alors j'attends
puis je ne suis pas seule
à décider

DISPARUE

Les enfants sont levés
on les entend
tu m'as réveillée
dans les cinq heures
avec ton nez au-dedans
et tout ce vent
pourtant
tu continues à m'ignorer
les yeux noués
la bouche clouée
le dos tourné

la corneille gratte sur le toit
et je me dis que c'est
dommage
de mépriser une si jolie fleur

alors je me retourne sur le ventre
je remplis des tubes
de toutes les couleurs
sur mon écran
tout en écoutant chanter
Lana del Rey

ÉCHOS DANS LA CHAMBRE VOISINE

Mamam
Mamam
Mamam
Mamam
la tétine mâchouillée
Mamam
Mamam
Mamam
miam miam
il est temps de descendre

CHATOUILLES MATINALES

J'ai les seins qui pendent
jusqu'au plafond
le linge sèche sur l'étendoir
du grenier mansardé
tu veux aller dans le vide
tu vas voir ce que ça fait
il se contorsionne
de rire
ses côtes flottantes
comme des bateaux
et grimpe sur le radeau
où je dors
un lapin doux
coincé dans les bras

LECTURE INDÉCISE

Je lis sept livres en même temps
sept merveilles sûrement
comme je n'ai que deux yeux
ça part dans tous les sens

TÊTE DANS LE SABLE

Je chante
il bâille
eh bien dis donc
ça t'émeut
        l'autruche

INSTINCT PATERNEL

Attention
tu vas te l'enfoncer dans l'œil
donne la tête-de-loup à Papa
c'est Papa qui balaie
la poussière du ciel
qui chasse les méchants

BALBUTIEMENTS

Ach ach
ef och och
ette ette
am am

j'ai vu le chat se balader
près du feu
Dieu que c'est chaud
Dieu que c'est chaud
j'enfile mes chaussettes
les deux chaussettes
Dieu que c'est bon
Dieu que c'est bon

la vie se résume à cela
quand on est un bébé

LE COMPTE EST BON

Ils le font tous
même inconsciemment
trois
quatre
un   deux   trois
trois
quatre ou plus
cassos
cathos

ils le font tous
un automatisme
juste pour se délier
la langue pendante
tapis rouge déroulé
s'étonner   juger   se rassurer
eux d'avoir bien fait
comme il faut
assez mais pas trop
ils comptent
parce qu'ils n'ont
rien d'autre à conter

EFARIG

Il n'a plus de cou
sa tête est directement rattachée
à son corps et ses genoux
c'est l'envers caché du long ruminant tacheté
aux sept vertèbres de dix pouces
ni d'index ni d'autres doigts pour tricoter
de la corne sur la pointe des pieds
une cascade de vieux vinyles 78 tours empilés
ce n'est qu'un petit bonhomme debout
une flaque de boue
à la silhouette brune   floue
il me sourit
ses yeux disparaissent aussi
dans l'océan
tombe sur son séant
juste ses dents qui luisent
se redresse puis fuit
maladroitement

COCCINELLE DEMOISELLE

Les arbres nus
sont dessinés au crayon
sur une feuille de papier
tout est blanc et noir
même le soir
où j'ai écrasé deux larmes
sous mon pied
un petit tas démembré
de coccinelle à peine née
collé à la semelle
d'une botte de pluie
d'où jaillissait
une gerbe de tulipes
devant le jardin d'enfants
que l'on entendait jouer

j'ai pleuré
les sept points suspendus
au milieu de l'allée

MOURIR POUR SURVIVRE

Un jour   je partirai
vaille que vaille
coûte que coûte
je partirai

EN PROMENADE

Moineau
pâquerette
pigeon ramier
pissenlit
héron cendré
lamier pourpre
mouette rieuse
lamier blanc
vanneau huppé
cerfeuil des bois
bergeronnette
trèfle
alouette des champs
blé vert
faisan
ortie
corneille
prêle des champs
tourterelle
ficaire
grande aigrette
renoncule
chevreuil

le seau regorge de trésors
la nature nous cueille à froid

AUX TOMATES

Les fruits rouges s'écrasent
à nos pieds courbés
auto mate
qui roule au pas
sous la pluie grise
automate
qui enfile son imperméable
avant de commencer sa journée

on est tous les uns
à côté des autres
en souffrance
        prostrés
les pattes recroquevillées
sur le bord d'un canapé vide
incapables de faire un pas
vers l'autre
        détachés
dans un nuage d'allergies
des bulles individuelles
sur des rails parallèles
le chat bâille
la langue enroulée
il ignore
où il a le droit de se poser
il craint les cris
alors il reste figé
jusqu'à ce que la tempête
des maîtres passe
le camion-poubelle s'arrête
il sursaute   l'ennui s'enfuit

COUP DE CŒUR

Tu m'as fait mal
tu m'as tapé dans l'œil
mes larmes n'arrêtent pas de couler
paupière retournée sur le trottoir

DANS LES HAUTES FRONDAISONS

Ma belle cétoine
aux ailes dorées
pourquoi t'es-tu mise à pleurer

toi   fée émeraude
au bord d'une flaque d'essence

le cœur en pâquerette
flonflons   bal musette
l'amour est une fête
à laquelle personne ne t'a conviée

ma jolie   mon hanneton de rosée
aux reflets métallisés
pourquoi t'es-tu mise à pleurer

à l'heure où les loups ont aboyé
vers le croissant boisé

le cœur en quarantaine
le visage muselé   de fil barbelé
au sommet de la haute maison
les feuilles ont frissonné

ma douce   et tendre
celée sous ton bouclier
où pensais-tu t'élever

quand la bise a soufflé
dans les rameaux nouveaux

le cœur plus léger
tu as filé là-haut
chauve-souris minuscule
sans même dire un mot

mon amie   ma protégée
sèche ta peine   verveine citronnelle
lampions en papier dentelle

laisse-toi porter par les rêves   les bateaux
lovée dans ton feuillage   berceau

LA PARADE DU VANNEAU HUPPÉ

Ailes sombres
ventre de lait
un thérémine
entre les dents
il semble jouer
sur un violon d'air
il vibre   il glisse
de position en position
le manche transparent
au creux des doigts
il apprivoise la musique
du plein néant
sans même l'effleurer
faisant résonner
en ce Jour de la Terre
la hauteur   le volume
des notes   deux élytres
d'oiseau planant
tantôt plus haut
       tantôt plus bas
dans les champs magnifiques
le soleil inaudible
au loin scintillant
les antennes du blanc
escargot dressées
le cœur visible battant
à travers la coquille diaphane
des regards ébahis
et tous ces lombrics morts
en traversant le béton inondé
que l'on n'a pas pu sauver

PÉTRICHOR

L'ondée précoce offerte
en   **prémices**   aux dieux de la terre
végétaux   arbres   forêts
l'odeur de la pluie   du sang des pierres
qui jaillit en fumée sous les pieds
ciel de pesants présages   chaud temps
après le weekend au fond du hamac assommé
      nature respirée
ce petit corps pétri
enrubanné
envolé   qui plane au-dessus du vent
du ventre des mamans   grisé
chatouillé par les feuilles des sommets
du bout des doigts   effleuré
réconfort   d'attendries déités
encore

Floraison

AUBE AU FIRMAMENT

C'est immense   immense   immense
et nous sommes si   petits
arrête de courir
il suffit d'admirer

flocons aux branches du crépuscule
plus de saisons
bouquet d'épines
les fleurs fondent
          délices fruités

UNE PLUME D'ENCRE

L'écriture est une nécessité impérieuse
un trop-plein quand le vase menace de
déborder
quand les fleurs vont être noyées
une saignée pour soulager la douleur
une plume pour caresser le cœur

l'écriture est une expérience
debout   assis   couché
un goutte-à-goutte qu'on laisse couler
une pluie dorée qui saigne des doigts
une étoile qui file à toute allure
une respiration dans l'apnée

AU PAS

Le couvent
la glycine
le cerisier en fleur
l'attente infinie
le camion brésillé
les arbres verts abîmés
un corps désincarcéré
une carcasse rouge sang emportée

LA CHASSE EST BONNE

Les trous dans les troncs
sont comme des caméras
qui nous observent
un couple de pies
traverse l'autoroute
les deux énervées zigzaguent
s'agitent se jacassent dessus
sur la banquette arrière
les oisillons écoutent tout
dans des hoquets de pleurs
un peu de lecture coincée
sous leurs ailes de plumes
le jour se lève
un hibou rentre se coucher

RITUEL DU SOIR

Est-ce que tu peux me lire
pomme lyre
pomme d'or
tomate d'Italie
se prendre pour un apollon
charmer les créatures
échouer n'être que laideron
éviter tout désaccord
finir le nez dans les étoiles
prisonnier entre les pattes
d'un vautour constellé
de taches de lumière
un bouquet de laiterons
dans le ciel bleuté
un pépin chamarré
entre les dents
flotter sur terre
carapace de tortue accordée
musique tête retournée
amour ensommeillé à jamais

ARC DE CUPIDON

Un point au cœur
peur qu'il lâche
trop tendu

UN PETIT SAUT NOIR

Décrocher la mâchoire
jusqu'à l'œsophage
grignoté par les affres
souris aux dents pointues
il faut dormir
        dormir dormir
debout à genoux
sur les côtés   le cou
ne plus sauter
du coq au chou
        dormir dormir
un point c'est pou

LE CARREFOUR DES VÉRITÉS

Les confidences que l'on crie
tout bas dans le noir
sur un coin d'oreiller
        détrempé
les sentiments de nullité
        inutilité   anormalité
monolithes   en boucle
toutes ces déflagrations
qui nous poussent tous
dans des barriques scellées
à rester là alités
lités   lités   lités
lités   lités
banalités

POLYPORES

Les cernes dessinés
par les champignons
aux joues de velours
accrochés aux troncs épuisés
tournent dans la tête
tels les coloriages psychédéliques
du livre au dos vert pomme

sois poli   fort   et tais-toi

BÊTE NOIRE

Une grille en osier
une plaque d'égout
derrière deux ronds d'essence
sur le bitume élastique
l'obscurité éclairée
par ces deux quinquets jaunes
de miaou

« nique ta mère salope »
expression poissarde
pour dire que cette bête a
la faculté de voir
dans la nuit

LA MONTAGNE CONSTELLÉE

L'aquarelle se dilue
dans la cime des arbres
on ne voit plus que des points
d'en haut

des petits points perdus
des regards transpercés
de mille clous   assommés
attelés jusqu'à hier pour assembler le tout
qui a fini à la mer debout sur les genoux

les forêts grimpantes se sont alors faufilées
au sommet des montagnes haletantes
fières de les inviter dans leurs contrées
hordes de mustangs écumants
qui ont repeuplé le tout en entier

au centre un chétif coucou
naît et chante dans le nid d'à côté
il parle d'avenir tendre
de ponts   de lavis
entre la blancheur des anges
et la mer pastel reposée

PISSENLITS OU DENTS-DE-LION

Plantes aux fleurs jaunes
aux feuilles acérées
prêtes à vous dévorer
ou à être englouties
qui sentent la vache
qui aux enfants font
faire pipi au lit
tantôt paons aux roues de coton
tantôt rondes comme des soleils
qui tachent le ventre des abeilles
au miel de printemps délectable

UN FANTÔME AU MILIEU DE LA CHAUSSÉE

Être mal dans ses articulations
une porte dégondée
une chemise mal repassée
un hérisson écrasé
tourner dans le séchoir
se déplier
s'ouvrir   se refermer
s'enfuir le dos courbé
c'est de l'espoir
pas des affabulations

VIDE EFFRÉNÉ

Mon cerveau court aussi vite
qu'une paire de mains
sur un clavier de piano
blanc   noir   blanc   noir
blanc   blanc
parfois il tombe
aspiré dans l'escalier

PYROTECHNIE

Faire
sauter
les plombs
à tous les étages
passer le cœur à la dynamite
le cerveau au feu d'artifice
partir en fumée

ÉCOUTER LES BRUITS QUI DANSENT

Petites bulles d'air
qui explosent dans le nez
une sur deux respirations
guetter   ne pas fermer
l'œil énorme de la nuit
surveiller les arythmies
n'y trouver aucune logique
aucune zen musique
s'arracher les cheveux en quatre
le visage chiffonné
les yeux cernés de toutes parts
prendre ses valises et
monter dans le train
pour aller quelque part
loin des phylactères éclatés
des vaisseaux rouges
dans le fond du blanc
qui s'élèvent dans l'espace
rejoindre une famille extraterrestre
loin des martiens bruyants
la tête dans un nuage de buée

HEIGH-HO

Toutes ces galeries de gravier
que les autres font peser
sur nos épaules
sans se soucier
des lourds cartables
que l'on a déjà à porter
à longueur de journée
des leçons à retenir
des pièges à éviter
des peurs à dompter

toutes ces mers de cailloux
qui nous font ployer
qui nous font boiter
qui nous font trébucher
qu'ils balancent
sous nos pieds
au visage
pour être   eux   plus légers
des catapultes géantes
se servant de nous comme
de réceptacles de douleur
de plaintes et de misère

engloutir tout
pour les soulager
voir nos diamants se ternir
les yeux pleins
de poussière grise

n'en plus dormir la nuit
tant pis
puisque personne ne s'en soucie

être en fin de chaîne
aucune main à côté
pour que le flux se poursuive
pour transmettre   se décharger
tomber dans le vide
dans le fond de la mine
des nains assoupis

À L'OMBRE DES VOLETS BLEUS

Pelleter de la suie
dans la tête
les pieds dans la nuit
s'extraire du marasme
passer notre tour
sortir du plateau de jeu
se réfugier pour quelques heures
au bout de la jetée
écouter la poésie des vagues se briser
les goélands crier
les embruns nous emporter

trop de tracas
il faudra que quelqu'un nous dise
quand ça s'arrête
pour pouvoir enfin dormir

NUÉE PASSAGÈRE

Bla-bla bla-bla-bla
bla-bla   bla-bla
juste ici
dans une journée ordinaire
tu crèves des ballons
dans le ciel allongé
sur l'herbe couchée
tous ces mots des gens
qui savent tout mieux
que toi
ces bien-pensants
se pensant bien
même pas beaux
chauves   le crâne plat

boucher ses yeux
cacher ses oreilles
bâiller   ne pas regarder
les lardons sont fatigués
se retourner
la carte mère leur rappelle
qu'il est temps de fermer
l'ordinateur

EUCHARISTIE DU LILAS EN FLEUR

Dans le crépuscule moucheté
les hyponomeutes ont sobrement posé
leurs valises   petites boules amères
qui giclent de potion de vie et d'air
quand on les presse sur la terre
bombes à eau
                    bombes à mystère

à l'heure du déploiement folié
les grappes alourdies   nacrées
          floraison   de tant de splendeurs
la tête dans les derniers nuages
l'arbuste s'est couvert d'étoiles
filées pleines à craquer
chevaux de soie infiltrés
prêts à déverser leurs assaillantes
dans la frondaison
                    bientôt clairsemée

au cœur du printemps
temps de l'épanouissement diligent
désertant les boucliers des grands
ces pâles déferlements ont tissé leurs nids
dans l'étendue   infinie
des bras du lilas en pleurs
offrant son corps et son sang
à ces dévoreuses massives
cachées dans les épais cocons blancs
                    tourbillons rongeurs

les semaines passées
dans la petite aube   d'été
quittant les grains de riz brochés
dans leur douce robe d'hermine
à la conquête d'hôtes hospitaliers
là-haut
                    toujours s'élever

SUR LE FUSEAU LIMPIDE

Rien d'important
vous l'anonyme parmi tant
juste une main
qui vous pousse
entre les omoplates
vous redresse
pour moins tomber

un pauvre hère
qui gravite
alentour
un cyclone haletant
qui vous maintient
plus droit
confondant cent fois
l'onirique et le réel
croyant loucher parfois

une tranche de vie
une frêle chose
une noix de marmelade
étalée çà et là
alors que vous êtes
attablé au chêne sessile
pour un petit déjeuner
juste quelques doigts
un souffle invisible
qui file tournoie

s'en va

TRENTE MILLE PIQUANTS

Le porc-épic pickpocket
sort de la neige
se dandinant
mange mon écorce
transperce ma flamme
dérobe mon cœur
et profite
des derniers rayons
du soleil

la pluie commence
à tomber plic-ploc

tout est temporaire

LA RELATIVITÉ

Tu as la tristesse au cœur
le vide à l'âme
un trou sombre qui n'arrête pas
de battre à côté
de tes pompes
fleurs funèbres
à la lisière d'un champ
plein de temps
qui pique et fait
pleurer tes yeux
malheureux dans le regard
lointain d'un train
tu t'éloignes au bord
du bord du bord
du chemin
      ça penche tant

peut-être es-tu déjà
passé de l'autre côté
au-delà de ce monde
d'images de vie réelle
      peut-être

qu'en penses-tu   humble sage
derrière le voile
      faudrait-il s'y raccrocher

DANS UN MIROIR

Je nous regarde
nous agiter
comme des pantins
ou des poupées
je nous ris
mon ventre se gondole
et tressaute à ces idées
une famille de Playmobil
dans une maison en plastique
il n'y a rien   dans rien
tout   dans tout
simples futilités
mime translucide
vu d'en haut
il suffit juste
de ne plus respirer
fermer les yeux
pour que ça finisse d'exister
l'absolument   rien   du tout

Anémochorie

CLAIR-OBSCUR

Attirés par le soleil nocturne
        samares tristes envolées
          langues d'oiseaux séchées
les appels des sémaphores jamais reçus
              frères de larmes
plus un bruit

on ne sait plus où est le demi-jour
parti se retrancher
le gris du blanc le blanc du gris
l'un se change en l'autre
simultanément magie des tourments
tout est dans l'eau du temps
au fil du   frêne
l'un vient sans l'autre avant de disparaître
puis de renaître à l'abri
des précipitations du vent
les ombres sont des songes
quand les couleurs sont parties se coucher
la terre   forte reine
les a aspirées   buvard d'encre
l'arbre dans son tronc de plomb a tout avalé
les verts   les jaunes   les bleus

silencieux perché sur le houppier
que rien ne   freine
un monde en sommeil
dans un vieux téléviseur rouillé

INSOLATION

Le cardigan crème est posé là
sur la table en verre
c'est trop déjà
ses boutons d'or scintillent
son parfum tape sur mes tempes
comme les rayons   de miel trompeur
mon cerveau ensuqué
glisse dans une molle torpeur
une envie écœurante de pleurer
penser qu'un jour sans doute
il me manquera

peut-on mourir
d'une réminiscence du passé
d'une odeur jusqu'alors envolée
ou   de la crainte perçante de l'amnésie

NOTRE PÈRE

Je n'en ai pas
le seul qui a bien voulu
de moi
s'est envolé hier
dans un soupir

alors pour me sentir
moins seule
le soir   pour bavarder
à l'encre des nuages
j'en dessine
un
un grand   un fort
un qui veille
tout en haut
dans le bleu
de l'azur

AU JARDIN BOTANIQUE

Sous la tente noire
il danse debout
il laisse couler le flow
dans ses veines
il s'asperge de musique
une eau de Cologne
sombre et bruissante
qui cogne de ses tempes
à ses tripes
les yeux fermés à travers
ses lunettes rondes
d'épouvantail believe... gominé
squelette enroulé
dans son manteau à carreaux
large laineux   étrange
j'appuie parfois
mon ongle
sur les côtés
dans les poches vides
pour m'assurer qu'il ne cache
pas son doigt sur un détonateur
une bombe pour faire
sauter les étoiles de Dieu
comme on entend à la télé
on ne sait jamais
          il ne faut jurer de rien   je vous en prie

la flamme continue à chanter
les baffles à pulser
le buisson est enfermé
dans son habit de plexiglas

encagé pour ne pas se faire
piétiner par les oiseaux
siffleurs qui se déchaînent
hors de leur caverne
courant après les spots de lumière
les ailes pleines de bière
en sandales romaines
et chaussettes colorées
        il ne faut jurer de rien   je vous en prie

c'est une eau admirable
tout le plaisir est pour moi
ce monde est fou
le tram passe toujours
même quand on n'entend plus rien
qu'on l'a caché du paysage
        il ne faut jurer de rien   je vous en prie

INCEPTION

Le trou d'eau immense
chercher la fuite
au milieu d'une ferme de cochons
penser que rien n'est bon à penser
d'arrêter d'y penser
sans y repenser d'y penser à nouveau
une boucle impeccable
un saut dans l'inconnu
une roue verte de paon

les hommes sont les pires créatures
les plus grossières   les plus sales
des bestiaux assoiffés
heureusement que certains artistes
me font encore croire en la beauté
sinon j'aurais abandonné
sauté de la Terre
et attendu de heurter
un autre rocher

il faut que je me hâte
l'eau va bientôt être coupée
prendre toutes les dispositions
nécessaires conformément au code
préparer un plein seau
de quoi s'apaiser
si jamais la boue
envahit les tuyaux
ils s'embêtent tellement
qu'ils inventent
des fosses à creuser

des blessures à infliger
puis attendent un sourire
quand ils les ont pansées

oui   vraiment
les hommes sont les pires créatures
des porcs bruyants   apeurés
heureusement que certains gens bons
me font encore un peu aimer
sinon j'aurais d'emblée sauté

et à la fin du tableau
       le commencement
toujours   la plume de paon

ORAISON PRINTANIÈRE

Ce n'est pas un Pater
juste une prière de mes yeux
à ton cœur
celui qui continue à voir
quand le reste ne bat plus
ce sont les mots d'un renard sage
que j'ai choisi de croire

pas un Pater
une oraison au creux de moi
tirer des lianes d'arc-en-ciel
jusqu'à toi
j'ai froid
un peu de rayons
une palette de crayons
rien que pour toi
la frondaison est là
le vent souffle de vie
j'entends son chant
en moi
ai-je raison

les cheveux emmêlés   encore
entre deux rangées
de printemps
là où les pieds frôlent
les mauves

je m'en vais
comme une crevaison
j'ai le mal de toi

la maison est vide
est-ce la bonne saison

un craquement dans les feuillages
je me retourne

est-ce toi

LA FENÊTRE EST MURÉE

Endurer le vacarme des chantiers
qu'ils ont commencés
pour anéantir la moindre parcelle
de vert   persuadés au plus bas
de faire bien pour soi
toujours rien que pour soi
adieu mûres   moineaux   rats

la vue est bouchée
un doigt profond   dans l'œil
enfoncer l'entièreté du corps
dans les cavités   sans ressortir
deux cerceaux de chair qui roulent
boules de virevoltant au vent
c'est possible de se tromper
foncièrement aveugles
écouter les grondements
pour montrer qu'ils sont là

oui   oui   oui   on comprend
abraser la pulpe des limbes
atrophier la matière grise
comme du parmesan râpé
creuser des sillons à pleines dents
de pelleteuse rouillée   calée
élimer les nerfs pendant que les chefs
sont partis se tapir   à l'abri

quémander un carré de sucre
un grain de calme
tenter de s'apaiser en vain

frôler les façades à toute allure
faire trembler les briques de chaque mur
prière de silence pour que rien ne tombe
ne pas finir sous la pierre

LA DESCENTE EN TERRE

Le plancher manque de craquer
à chaque mouchage de pleurs
prêt à exploser
les organes à jaillir
c'est ça il paraît de vieillir

MAELSTRÖM

J'ai peur du vent
quand il s'engouffre
sous les tuiles
en hurlant et fait
claquer les volets
derrière lui
ployer les arbres
tremblants

LE VACILLEMENT DU PHARE MOUILLÉ

De petites taches jaunes
arrêt sur image
des flammes derrière les yeux
dansent au milieu de flaques d'ombre
leurs corps dorment superposés
l'un   dans la bibliothèque au rez-de-chaussée
l'autre   dans la chambre au grenier
une translation   une ascension
un presque rien pour n'être qu'un

eau vide du bain
modifier la chaleur
dans les contours flous
gouttes de vapeur qui s'évanouissent
l'un lave les pieds   de l'autre
comme Jésus avec ses disciples
à travers le rideau de brume
l'un voit toujours scintiller
au loin dans le brouillard
le souffle court de la bougie
attiré comme un moustique
vers sa pâle lumière
l'autre a envie de la serrer
dans ses bras s'y agripper
qu'elle le rassure
apaise ses douleurs

COLOPARTY

Sur la corde raide
l'onde suivante va
peut-être le faire basculer
passer par-dessus le rocher
son crâne n'en fait qu'à sa tête
son corps n'est que nausées
le cœur au bord des lèvres
il ferme les yeux fort
pour résister   ne pas tomber
des lames grises se brisent
lui coupent l'herbe sous le pied
s'ébrouer surtout   ne pas plier
spume figée   il a froid de chaud
de la tête aux pieds
sur quel bateau s'est-il
encore embarqué

par quelles couleurs va-t-il
devoir passer

tout au fond il a peur

à quelle sauce va-t-il
être mangé

ne pas bouger jusqu'à la fin
laisser la bobine se dérouler

PSAUME DU DEMI-KIWI

Des boules de papier
éclairent le jardin
je lis de la poésie
les vers lovés
au creux des reins

une fourmi se promène
sur le bord d'un bol
en acier émaillé
glisse jusqu'aux fruits
incognito sans un bruit

une graine de kiwi
parmi d'autres agenouillées
un cercle de fées
en adoration sur l'herbe
autour du blond soleil

un moucheron vient s'écraser
entre deux pages pour l'éternité
sans que j'aie le temps de ciller

– *beauté inaperçue*

L'ENFANT-GLYCINE

J'arrose juste son pied d'aMour
de compréhension   écoute   attention
et ses lourdes grappes flEuries
grimpent à son rythme   vers l'infini
soigner   construire des Racines
dans la douceur   empathie   respect
bercer les émotions   silenCe
en humaine et conscience
deux bras ouverts   un abrI pérenne

élever peut mener grand
aux plus belles choses

emplie de gratitude   mille fois
caché juste   là
je le lui répète tout bas

SOIS SAGE

Sous le poids de la foule
un barrage prêt à céder
guerroyer avec intensité
visage absorbé tout entier
    douleur

et l'on ignore de quel côté
l'aigle va riposter
ce foie qu'il va dévorer
le haut l'arrière
des montagnes russes
vertigineuses   vagues foudroyantes
des loopings   voiles ascensionnelles
s'accrocher au radiateur
    douleur

transpirer   se faire secouer
osciller aux extrémités
trembler   geler
cracher le feu titanesque
être dragon de Dieu
lutter pour ne pas s'évanouir
involucre déchiré
garder les pieds sur terre
capitule éclaté
espérer la libération   l'élévation
fleurons envolés
une fin vite abrégée
    douleur

AU MOIS DE MAI

Les boules d'akènes duveteuses
des pissenlits fauchés
ressemblent à de lourds grêlons
plumeaux échoués au milieu d'un pré
le miel ne coulera plus
avant l'année d'après

QUAND VOUS SEREZ GRANDS

Le pissenlit effectue le tour de la Terre
chaque année

une face d'ombre une face de lumière
un soleil brillant collant
une lune ouatée replète
chuchotement des mots

emporté par un parachute
accroché à ses rêves d'enfant
soufflé jusqu'au plafond d'une petite chambre
lévitation du corps

douce musique effluves d'alcool au citron
monter plus vite plus haut
au-dessus du lit à barreaux
prendre un ris

ainsi faciliter la dispersion du vent
l'avancement et repeupler le monde
de millions de rayons de soleil
        anémochorie merci

DANS LEUR SILLAGE DE BRUME

Les longs oiseaux qui planent
au-dessus des nuages
n'ont rien à envier
aux anges de passage
jouant à saute-mouton
ne redoutant l'orage
qu'à la tombée du jour
où les ovins sans cage
lâchés dans l'horizon
débutent leur voyage
chatouillant la pluie fine
de leur tendre pelage
le nez vers l'au revoir
ils ôtent leur grimage
après avoir pleuré

EN CHAÎNE

Vivre c'est écrabouiller
des êtres à chaque pas
invisibles sous le pavé
sur le goudron le matelas

vivre c'est dévorer des bouchées
de bêtes élevées pour soi
qui n'ont rien demandé et peut-être
froid dans leurs emballages plastifiés

vivre c'est se faire dévorer
par plus petit que soi
une histoire de vilain arthropode
plus malin que les rois
sans que l'on sache trop pourquoi

LA BLANCHEUR DU NOIR

Je suis un nuage transparent
vide de toute l'énergie du monde
qui se laisse transporter par le vent

DANS TON ANTRE

Je rentre chez toi
je t'appelle partout
c'est le vide qui répond
et me noie

j'attends

s'asseoir sur la tête d'un mort
je frissonne du bout des fesses
je reviendrai   je préfère t'écrire
j'ai trop peur de te blesser
t'écraser

CONSCIENCE

Nous ne sommes vraiment rien
manger de l'humilité
en petits bouquets frisés
l'arroser tous les jours
la faire pousser sous les fleurs
roses du jeune pommier
planté le dernier jour de l'année

SURPRISE D'ENFANT

Comme un secret
elle prépare un cœur
d'amour peinturé
elle s'assure toujours
que personne ne va le dire
ne va le voir   sinon

pourquoi fait-elle cela

ses lèvres boudent un peu
il hausse les épaules
les filles à couettes
c'est bien bizarre

(RE)NAISSANCE

Mon bel arbre je vais te soigner
recoller tes branches
les ficeler d'argile   les panser
replanter droit ton pied
t'apprivoiser   te susurrer l'amour
pour que tes feuilles fleuries
continuent à pousser
distillent leur beauté
par-delà la palissade

ODE À LA LÉGÈRETÉ

J'ai rêvé que je volais
dans la nuit émeraude
        j'aime   et je rôde
le ventre porté
par le souffle sourd
des forêts mosaïques

DOUCE HEURE VESPÉRALE

Les mots ronds coulaient
de la plume rousse
des perles de miel
d'un rucher en fleurs

AIMER L'ENFANT INTÉRIEUR

Je n'ai personne
pour m'occuper de personne
je ne suis qu'une personne
je ne suis qu'un bébé
qui pleure de n'être pas consolé
qui suce son pouce pour se rassurer
je me serre dans mes bras
me berce jusqu'au silence parfait

chut   mon amour
tu n'es pas seul   je suis là
les cauchemars ont fui
c'est l'heure des rêves doux

ROSE RAI DE LUMIÈRE

J'écris des petits riens
        qui résonnent
                au-delà des murs
des petits bleus
                contre la cheminée
des petites égratignures
                sur le coin d'un rosier
des petits cailloux coincés
                dans le fond d'un soulier
des tout petits riens
        qui font du bien

LES UNCINUS DANSANTS

La chauve-souris attend le crépuscule
quand les moineaux sont couchés
que les moustiques cognent aux fenêtres
elle laisse de fines veines d'air derrière
des cirrus aux corps recourbés
des virgules sur la brune saturée
une pause impalpable à peine respirée

des envies folles d'éther châtié

POUR L'AUTRE

La tendresse   la tendresse   la tendresse
de toute urgence
des torrents de tendresse
comme des félins

DÉSORIENTATION

Je suis coincée
sur une lamelle d'arrêt d'urgence
pieds et poings dans le vide
les cris du petit ont fait fuir le grand
et colonisé tout le matelas
le camion est passé sur moi
mais pas le marchand de sable

EN FIN DE COMPTE

La beauté est la destination absolue
non pas celle factice usant d'artifices
mais la brute et naturelle
qui tombe directement de l'œil
éclairée par le ciel
le reste c'est de la vie
et de la capacité d'éveil
ou d'é(mer)veil

L'ÂGE TERRIBLE

L'être s'endort enfin
contre le sein battant
sur la chaise droite
après la destruction
les cris les gestes
la lutte l'orage
de panique   de glace
moment de pause sacré
on entend à nouveau
le cœur se réchauffer
les oiseaux et la vie
dans l'herbe gazouiller

BALADE DOMINICALE

Quand l'horizon point
de l'ombre derrière mes paupières
les enfants fabriquent des couronnes ligneuses
sur des souches d'or à la croûte tigrée
croquent le paysage et de belles mies de pain
peignent des rayons de soleil
sur des quartiers de lune cernés
sèment la sciure dans le frisson des brins
de la poudre de fée pour éclabousser
le village des lutins taillés à l'Opinel
dans les branches vertes au-dessus
du puits à la plaque ballante
les jambes nues dans le frais matin
je pédale à toute volée
pour rejoindre l'orée

LES PLUS BELLES ÉCONOMIES

Quand tu lis
c'est comme si certains mots
étaient surlignés en jaune soleil
ils te sautent aux yeux
crochète-les de la page
projette-les dans un journal
assemble-les pour en créer
des bijoux de pierres divines
aux vertus sacrées
répète-les tels des mantras
porteurs de félicité
enferme-les sur un compte
dans une banque à double clé
pour les ressortir plus tard
comme douillet matelas
afin de te reposer si tu tombes
de fatigue un peu trop bas
retiens-les   frétillants
dans ton filet de pêche argenté
dissèque-les à la loupe
des coléoptères épinglés
pour en déceler les sens cachés
aime les écouter tomber
gouttes de pluie sur le pavé
peuplant tes songes
des plus exquises mélodies
entends le triangle tinter
        c'est un enchantement

LE TEMPS D'UN CLIGNEMENT

On n'a rien inventé
tout existe déjà
le beau le brut
la crevaison   l'affaissement
un clou dans le genou
un poisson qui fait des ronds
un parasol aux bords fanés
un battement sur un fil d'oiseau
un courant dégringolant
un nævus sur la joue naviguant
vers un sillon   un sourire
et au loin le ciel surpeuplé
de saintes noctuelles
qui descendent et veillent
sous l'arche fleurie de chèvrefeuille
aspirent l'ondée stellaire et
sonnent le clairon de leurs trompes
propulsant ce somptueux nectar
jusqu'à leur Dieu-Soleil

CHÈRE EUCLIDIA

La doublure jaune s'est retirée
elle est partie étaler
ses longues ailes recrues
la pendule déréglée
copinant avec ces papillons
noirs aux taches rouges
des coccinelles habillées
la tête à l'envers
juste là en remplacement
de la star électrique
du soleil qui brille
même immobile
elle   s'agite
renoncule ratée
elle a beau faire
elle ne fait pas beau
elle n'y arrive pas

la doublure jaune s'effrite
s'étiole avant de disparaître
dans la couleur uniforme
des yeux larmoyants

quoi que l'on en pense
cette glorieuse restera gravée
dans la pierre des clairières

SUR LA POINTE DES PIEDS

De mon donjon
j'écoute les bruits de la maison
je le suis à la trace des craquements
un garage de travers
un feu de signalisation
dans sa main potelée d'enfant
prendre sa valise remplie d'instruments
comme pour tout dans la vie
valser au bout de la rue ronflante
il faudrait un peu plus de minutie
mais il se débrouille ça va

CENT UNE VIES

Vie vie vie vie vie vie vie vie vie vie vie vie vie vie
vie vie vie vie vie vie vie vie vie vie vie vie vie vie
vie vie vie vie vie vie vie vie vie vie vie vie vie vie
vie vie vie vie vie vie vie vie vie vie vie vie vie vie
vie vie vie vie vie vie vie vie vie vie vie vie vie vie
vie vie vie vie vie vie vie vie vie vie vie vie vie vie
vie vie vie vie vie vie vie vie vie vie vie vie vie vie
vie vie   vie

cent vies à vivre   plus une
pour ne pas se retrouver sans

LA QUINTESSENCE POÉTIQUE

Les yeux glissent
le front se plisse   se fronce
les lèvres s'étirent vers une lumière
même si la tête reste obscurcie

les lignes réveillent
un bourdonnement sourd
venu de trop loin pour le nommer
un début d'éruption laissant sur le côté
à contempler une paire de pompes cirées
indécis étourdi par les résonances
savoir   sans savoir
quoi ni pourquoi
une gêne   un tourment capturé
une vague familière qui sommeille
un borborygme au creux de soi
une tentative floue de comprendre
une autre langue
la langue propre
de l'âme de l'autre
une langue non salie   affranchie
des grandes contraintes de l'habitude
de tout ce temps immémorial
sans mystification
posée en vrac sur un morceau ligné
sans autre vertu qu'
être
là   saisie à cet instant
pour exister
sans rester enfouie
alors qu'elle le pourrait

que tout le reste le reste
ce tumulte des mots coincés
qui passent échappés   oubliés

accueillir le malaise
l'absorber   le laisser couler
comme les chants
des grimpeurs pygmées Baka
dans la claire canopée
à la recherche du miel
des abeilles sauvages
cette sève   encre
qui colle à la peau
forte   gutturale
la voix de la forêt
une masse épaisse
d'arbres et de papier
le poumon   la respiration
de l'autre
          du créateur

>   -   *la musique des langues*
>   *du poète et du peuple Baka*

DE LAINE FEUTRÉE

Une souris
c'est comme un verre
ça casse plein de fragilité
une petite griffe
au creux du poignet
je la serre fort
mais pas trop

IDÉES NOIRES

Je suis
une étoile filante
qui lutte
pour rester

EN BAS DU LIT

Ressentir parfois
dans l'étirement du matin
le relâchement de la jouissance
pendre comme un morceau de chewing-gum

grandir le temps d'un instant
        juste quelques centimètres   illusion
il est déjà l'heure de sauter

LES MOTS DE L'HOMME-OURS

Du feu   de la glace
un tourbillon dans les tripes
un souffle de cœur qui saigne
un corollaire de ces multiples fragments
jetés au détour d'un chemin
un hasard inexistant qui aide
à mettre là   le pied devant l'autre
des mots qui vibrent en soi
se superposent à ce brouillard bouillonnant
débordent dans un   fracas
murmurent ensuite des lendemains sereins
un signe   un infime pas que l'on coule
enfin apprendre à s'aimer   exister
se délester   détendre ce qui nous rouille

les dévorer parce que ça rince l'âme
de toute la pollution inhumaine

EN PERSPECTIVE

Au pied de l'immensité
il y aura toujours
un coin de voûte éthérée
paradis derrière la forêt
percée à l'état sauvage
où tu pourras te dérober

un petit angle de ciel tranquille
où l'univers en douceur se repose
à en perdre la notion des choses

une alcôve secrète
sous le dernier calque superposé
épaulée par deux lacs ovoïdes   brisés
abîmes sans fond à la surface immaculée
où vogueront des flots de nuages entassés

ligne lancée   prière sucrée
pêche aux marrons grillés
lors des longues veillées
souvenirs confondus
où mon cœur ne cessera plus
de se balader

pour toujours te retrouver

TABLE

Prémices	9
Floraison	51
Anémochorie	81

Dépôt légal : novembre 2024
Imprimé en France